루이 브라유는요!

생일
1809년 1월 4일 (프랑스)

별명
궁금쟁이 루이

좋아하는 것
점자책 읽기

싫어하는 것
책을 읽을 수 없는 것

잘하는 것
캄캄한 곳에서 물건 찾기

못하는 것
색깔 맞히기

글 김지현

이화여자대학교를 마치고 대학에서 학생들을 가르치고 있습니다.
시골의 작은 마을에서 유진이의 엄마로 바쁘게 살아가며
아이들의 상상력을 키울 수 있는 재미있는 동화를 쓰고 있습니다.
쓴 책으로 〈올빼미 아저씨네 경단 가게〉, 〈나도! 나도!〉, 〈뼈가 사라졌어요〉 등이 있습니다.

그림 손율

2009년 한국안데르센상에서 〈그림형제의 엄지둥이〉로 금상을 받았습니다.
그린 책으로 〈하늘에서 숫자가 툭〉, 〈이제 그만 할래〉, 〈삼바야, 축구야?〉,
〈아프리카로 간 빨간 티셔츠〉 등이 있습니다.

100인의 위인들 교과서 속 학자를 꿈꾸는 아이 루이 브라유
루이 브라유 아저씨가 없었다면?

글 김지현 그림 손율
펴낸이 남선녀 **기획 편집** 하늘땅 모은영 최문주 신지원 정명순 **디자인** 하늘땅 박희경 문정선
펴낸곳 한국차일드아카데미 **주소** 경기도 고양시 일산동구 은마길 77 **전화** 1588-6759
출판등록 2001년 1월 19일(제5-175호) **홈페이지** www.ekca.co.kr

ⓒ (주)한국차일드아카데미
※잘못된 책은 교환해 드립니다.
이 책은 저작권법에 의해 보호를 받는 저작물이므로 무단전재와 무단복제를 금합니다.
주의: 책이 딱딱하여 다칠 우려가 있으니 던지거나 떨어뜨리지 않도록 주의하십시오.

루이 브라유 아저씨가 없었다면?

글 김지현 그림 손율

한국차일드아카데미

"올리, 잠꾸러기 올리! 어서 일어나렴."
아이코, 꿈이었구나.
"올리, 세수하고 밥 먹고 학교 갈 준비하렴.
막스 깨우는 것도 잊지 말고."
내 친구 막스를 소개하는 걸 깜빡했네.
막스는 나의 가장 소중한 친구야.
언제나 나의 눈이 되어 주거든.

나는 태어날 때부터 눈이 보이지 않았어.
하지만 막스가 내 눈이 되어 주었지.
"왈왈! 왈왈!"
막스는 학교 버스가 오는 것도 알려 주었어.
"컹! 컹! 컹!"
내 옆으로 커다란 트럭이
지나가는 것도 알려 주고 말이야.
막스만 있다면 나는 어디든 다닐 수 있어.

하지만 막스가 나를 도와줄 수 없을 때도 있어.
그건 바로 책을 읽을 때야.
막스는 책만 보면 물어뜯고 침을 잔뜩 묻혀 놓지.
**다행히 나는 혼자서도 책을 읽을 수 있어.
바로 루이 브라유 아저씨 덕분이야.**

루이 브라유 아저씨도 나처럼 앞이 보이지 않았어.
세 살 때 뾰족한 것에 눈이 찔려 앞을 볼 수 없게 됐지.
아저씨는 발소리만 듣고 누가 오는지 맞출 수 있었어.
누가 도와주지 않아도 혼자서 뭐든지 할 수 있었고.
하지만 루이 브라유 아저씨가 할 수 없던 게 있었어.
그것은 마음껏 책을 읽는 거였지.

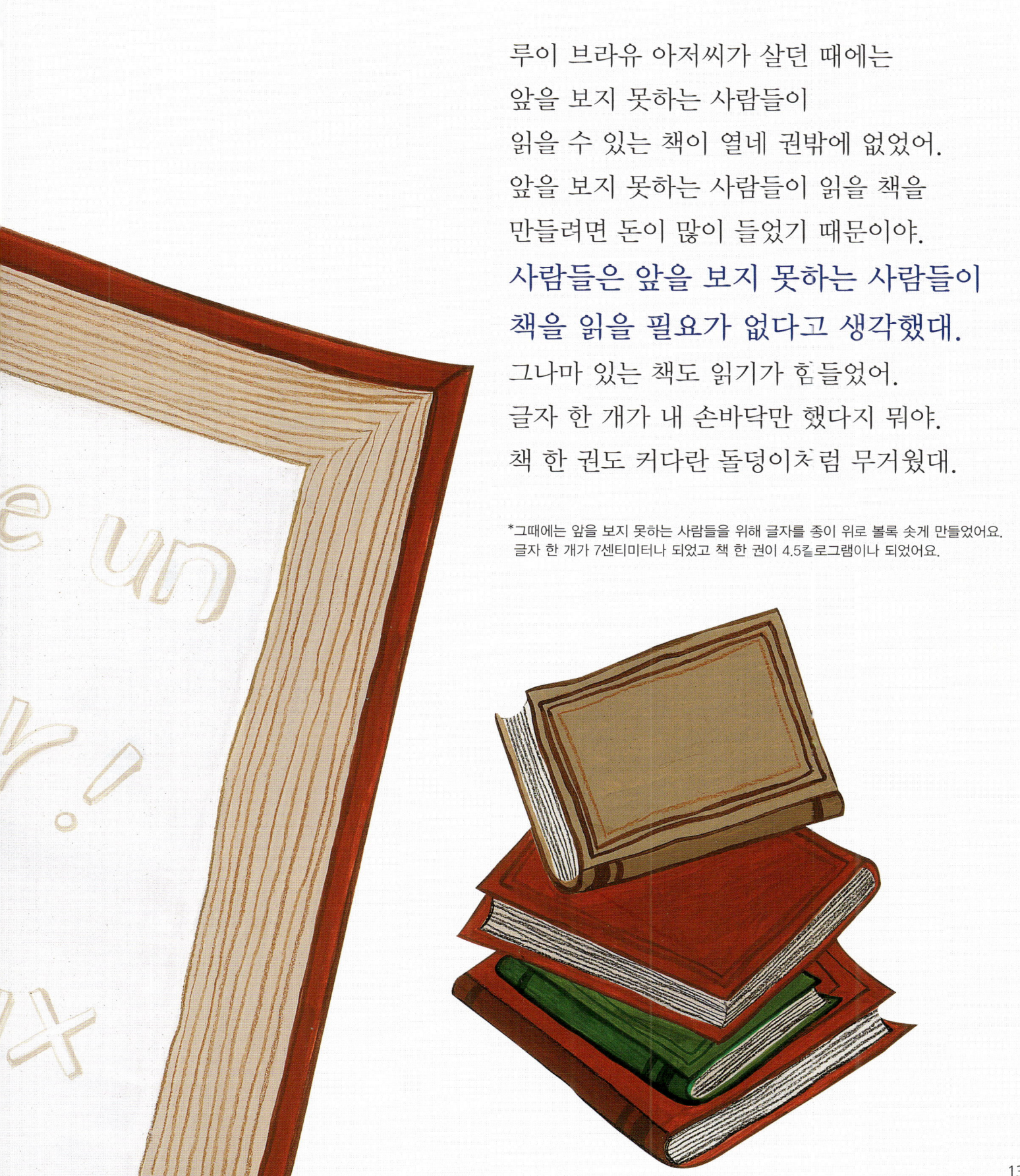

루이 브라유 아저씨가 살던 때에는
앞을 보지 못하는 사람들이
읽을 수 있는 책이 열네 권밖에 없었어.
앞을 보지 못하는 사람들이 읽을 책을
만들려면 돈이 많이 들었기 때문이야.
**사람들은 앞을 보지 못하는 사람들이
책을 읽을 필요가 없다고 생각했대.**
그나마 있는 책도 읽기가 힘들었어.
글자 한 개가 내 손바닥만 했다지 뭐야.
책 한 권도 커다란 돌덩이처럼 무거웠대.

*그때에는 앞을 보지 못하는 사람들을 위해 글자를 종이 위로 볼록 솟게 만들었어요.
 글자 한 개가 7센티미터나 되었고 책 한 권이 4.5킬로그램이나 되었어요.

어느 날, 루이 브라유 아저씨는 기쁜 소식을 들었어.
앞을 보지 못하는 사람들을 위한 '야간 문자'가 만들어졌다는 거야.
야간 문자는 이전의 글자들보다 쉽게 읽을 수 있었어.
하지만 야간 문자도 불편하기는 마찬가지였지.
"한 글자에 점이 너무 많아서 복잡해."
"마음껏 긴 편지를 쓸 수가 없어."
"숫자는 어떻게 쓰지?"

*야간 문자는 두꺼운 종이에 구멍을 내거나 볼록하게 점을 찍어 글자를 썼어요. 바르비에 대위가 처음 만들었지요.

"앞을 보지 못하는 사람들이 야간 문자보다
쉬운 글자로 쓰여진 책을 읽을 수는 없을까?"
**루이 브라유 아저씨는 야간 문자보다 쓰기 쉬운
글자를 만들어 보려고 했어.**
포기하지 않고 생각하고 또 생각했지.

"폭, 폭, 폭." "툭, 툭, 툭."
**루이 브라유 아저씨는 어느 날부터
송곳으로 두툼한 종이를 눌러 댔어.**

"폭, 폭, 폭." "툭, 툭, 툭."
이런 소리가 나는 곳에는 늘 루이 브라유 아저씨가 있었지.
"루이 브라유, 이제 그만해."
"루이 브라유, 밤에는 잠을 자야지."
"앞을 보지 못하는 사람들이 배울 게 뭐가 있다고
저렇게 글자를 만들려는지 몰라."

루이 브라유 아저씨는 포기하지 않았어.
"폭, 폭, 폭." "툭, 툭, 툭."
글자를 만들기 시작한 지 삼 년이나 지났어.
"드디어 됐다. 완성이야, 완성!"
**루이 브라유 아저씨는
여섯 개의 점으로 이루어진 글자를 만들었어.
그것이 바로 '점자'야.**
점자 덕분에 나는 손으로 책을 읽을 수 있어.

만약 루이 브라유 아저씨가 없었다면…….
생각만 해도 정말 끔찍한 일이야.
내가 우주 비행사가 되려는 꿈은 꿀 수 없었을 테니까.
점자로 된 책을 읽으면서 멋진 우주를 상상했어.
나는 앞을 보지 못하는 사람들도 조종할 수 있는
우주선을 만들어서 우주를 여행할 거야.
물론 막스와 함께 말이야.
다들 말도 안 된다고 해.
하지만 엄마는 달라.

엄마랑 막스랑 루이 브라유 아저씨가 살았던 집에 간 적이 있어.
엄마가 그 집에 내걸린 판에 적힌 글을 읽어 주었어.
**"루이 브라유는 앞을 보지 못하는 사람들에게
지식의 문을 열어 주었습니다."**
무슨 말인지 나는 잘 모르겠어.
엄마는 나에게 이야기해 주었지.
"올리, 그건 루이 브라유 아저씨 덕분에 네가 언젠가
멋진 우주 비행사가 될 수 있다는 말이란다."